AF232037

Lb 48 2645.

COURRIER FRANÇAIS

Rue Ticquetonne N° 14.

ANALYSE DU PLAIDOYER

DE

Mᴇ MERILHOU,

DANS LE SECOND PROCÈS DE TENDANCE

INTENTÉ

AU COURRIER FRANÇAIS

DEVANT LA COUR ROYALE DE LA SEINE,

RÉUNIE EN AUDIENCES SOLENNELLES, LES 26 JUIN ET 3 JUILLET 1824. *

* Extrait du *Courrier Français* des 27 juin et 4 juillet. On s'abonne à ce journal, rue Ticquetonne, n. 14. Prix : 18 fr. pour 3 mois, 36 fr. pour six mois et 72 f. pour l'année. Les lettres et paquets doivent être affranchis.

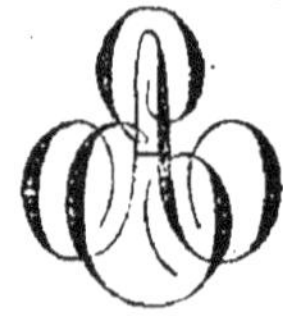

PARIS,

DE L'IMPRIMERIE D'EVERAT, RUE DU CADRAN, N° 16.

1824.

Depuis que la Cour royale, dans son audience solennelle du 10 juillet, a mis fin au second procès de tendance dirigé contre le *Courrier français*, ce journal a recueilli le fruit de ses efforts, et de l'intérêt que le public lui a témoigné pendant toute la durée de son procès. La plupart de ses nouveaux souscripteurs ayant désiré se procurer les feuilles où se trouvent les plaidoiries de Me Mérilhou, et ces numéros ayant été épuisés le lendemain même de leur publication, l'administration du *Courrier Français* a, pour satisfaire aux nombreuses demandes qui lui étaient adressées, fait réimprimer à part l'éloquente défense prononcée par son avocat, telle qu'elle a été recueillie aux audiences des 26 juin et 3 juillet 1824.

PLAIDOYER

DE

Me MÉRILHOU,

Dans le second Procès de tendance intenté au Courrier
Français.

Audience du 26 juin.

Me Mérilhou, avocat du *Courrier Français*, prend la parole en ces
termes :

Messieurs, depuis que le soin de repousser cette accusation a été
confié à mon zèle, je n'ai cessé d'examiner avec le plus profond
scrupule les cent quatre-vingt-deux articles qui en étaient l'objet.
Ignorant d'avance les inculpations que le ministère public devait
présenter, je me suis efforcé de les découvrir moi-même pendant
le délai que la cour a daigné m'accorder. Pénétré de ce devoir qui
rend chaque avocat le premier juge de la cause qu'il doit défendre,
je cherchais le crime du *Courrier,* je cherchais les traces et le but
de cette tendance séditieuse que l'on veut arrêter : j'ai cherché vai-
nement ; j'ai depuis entendu le ministère public à la dernière audience, et je vous avoue avec franchise que je ne puis comprendre
encore la poursuite dont vous êtes saisis.

L'orateur-magistrat que vous avez entendu, rend hommage à
l'utilité de la liberté de la presse ; il reconnaît la nécessité d'une
opposition ; il permet, dans le temps des élections, une discussion
libre sur le mérite des candidats, et cependant il poursuit le *Courrier* pour avoir usé du droit de la discussion électorale, pour avoir
improuvé quelques actes du ministère ; c'est-à-dire que M. l'avocat-général refuse l'usage des droits dont il reconnaît l'existence
et dont il proclame lui-même la sainteté.

Avant de lui répondre, qu'il me soit permis, Messieurs, de vous
faire connaître les véritables causes de la poursuite actuelle.

Peut-être les explications où je dois entrer blesseront, hors de cette enceinte, certaines oreilles ennemies de toute vérité, et offusqueront certains yeux qu'importune toute lumière ; mais que m'importe ? Je parle ici devant une cour souveraine, dont la plus haute indépendance caractérise les nobles habitudes. Où se réfugierait la vérité, si elle ne trouvait pas sur vos siéges des protecteurs inflexibles, et à votre barre des organes qui doivent oublier devant vous toutes les considérations pusillanimes ?

Un plan a été formé pour asservir ou détruire insensiblement tous les journaux, éteindre toute discussion publique, et briser les organes des diverses opinions qui existent en France.

Il est difficile d'assigner avec précision l'époque où ce dessein a pris naissance et où ses moyens ont été complétés ; mais depuis une année, la marche des agens de l'entreprise est devenue plus sensible ; ils ont constaté leur existence par leurs œuvres : c'est ce qu'on appelle dans le monde la caisse d'amortissement des journaux. On achète en totalité tous ceux qui sont à vendre ; on achète en partie ceux qu'il est impossible d'acheter en totalité , et ceux-là, on les éteint par des discordes intestines ; quant à ceux qu'on ne peut acheter ni en totalité, ni en partie, il reste au ministère une ressource extrême ; le Code d'instruction criminelle, art. 274, permet au ministre d'ordonner au procureur-général de poursuivre : les ordres se donnent, et le procureur-général apporte à la cour une accusation de tendance.

Ainsi, la toute-puissance de cette cour n'est invoquée qu'en désespoir de cause, contre ceux que l'or n'a pas pu corrompre.

Aujourd'hui, presque toutes les feuilles publiques ont subi le joug, et sont devenues les panégyristes obligés des maîtres qui les ont achetées ; quelques-unes seulement restaient debout avec leur indépendance. Des voix libres et courageuses pouvaient encore y discuter avec franchise les intérêts du pays. La destruction de ces derniers asiles de la vérité est imminente ; la sagesse ministérielle a arrêté que les derniers journaux libres seraient incessamment achetés ou détruits, et voilà que les agens de la caisse d'amortissement des journaux ont dirigé leurs attaques tout à la fois contre la *Quotidienne* et contre le *Courrier*.

Depuis le dernier procès de tendance, les propositions d'acquisition, précédemment rejetées, ont été renouvelées avec persévérance auprès des propriétaires du *Courrier français* ; les agens dorés de l'administration souterraine ont multiplié les offres les plus séduisantes ; mes cliens ont été adjurés de mettre un prix à leur propriété : *Combien vous faut-il de centaines de mille francs ?* et ces offres, oserais-je le dire, on n'a pas craint de les faire accompagner de la menace d'une suspension nouvelle, prédiction injurieuse à la magistrature, et que je ne puis répéter sans rougir d'indignation.

Ni les offres, ni les menaces n'ont pu fléchir mes cliens : de l'or, ils n'en ont pas besoin ; des menaces, ils les méprisent, parce qu'ils connaissent la haute dignité de la magistrature.

Ne pouvant avoir la propriété toute entière, on a voulu du moins acheter quelques fractions de propriété, pour se ménager le plaisir de faire paraître deux *Courriers*, comme on a voulu avoir deux *Quotidiennes* et deux *Pilotes*.

Vaines tentatives ! Moins heureux au *Courrier* qu'à la *Quotidienne*, les Proxénètes du monopole de la pensée n'ont pu ni acheter ni diviser. Le procès de tendance a commencé parce qu'il fallait détruire la propriété qu'on ne pouvait pas acquérir. En même temps que se poursuivait sous une forme l'expropriation forcée des propriétaires du *Courrier*, on exécutait sous une autre forme celle du propriétaire de la *Quotidienne*. Cet homme honorable aux yeux même de ceux qui ne partagent pas toujours ses opinions ; ce vétéran du royalisme a été l'objet de procédés inouïs qu'aucune langue humaine ne saurait raconter sans dégoût. Sans doute un procès de tendance, ce glaive à deux tranchans, était tout prêt aussi contre lui, dans quelque bureau secret, si l'on n'avait pas réussi à acquérir les sept douzièmes de sa propriété. *Acheter* ou *détruire*, voilà le dogme de la caisse du monopole ; voilà le secret du procès actuel : le surplus est un vain prétexte.

Vendez-vous ou *mourez* : *Louez* ou *taisez-vous*.

Me demandera-t-on des preuves ? Mais quelles preuves peut-on ajouter à celles dont la cour a entendu hier la pénible exposition ?

La conviction qui a pénétré hier vos ames n'a pas été douteuse, et j'ai lu sur vos visages toute votre indignation ; les faits qui vous ont été exposés, et que personne n'a osé contredire, ces faits ont été flétris par les paroles mémorables de M. l'avocat-général qui vous a dit que c'étaient d'*ignobles marchés* que ceux dont les détails vous étaient alors retracés (1).

Les paroles du ministère public d'hier m'appartiennent sans doute contre le ministère public d'aujourd'hui ; elles m'appartiennent comme votre arrêt, puisqu'elles constatent les tentatives de la corruption dirigée contre tous les journaux sans exception.

Mais pourquoi tant d'efforts pour établir des faits qui sont à la connaissance de toute la France, que tant d'écrits publics ont réréyélés sans aucune contradiction ; des faits dont chacun de vous connaît et les preuves et les détails, et sur lesquels les consciences les plus robustes n'oseraient me démentir.

Ainsi le procès actuel, procès éminemment politique, ne doit

---

(1) L'orateur parle des révélations faites au procès de la *Quotidienne*, gagné par M. Michaud.

pas être envisagé comme une accusation passagère, sans conséquence et sans antécédens.

Si des ministres, ne voulant ni supporter la discussion libre des
journaux ni encourir la responsabilité morale de la censure que la
loi leur permet de ressusciter à volonté, avaient formé le dessein
d'anéantir la presse périodique sans crise, sans efforts, par des
moyens obliques, par des menées mystérieuses, que feraient-ils ?

Ils adopteraient pour système de refuser *pour l'avenir* toute autorisation nouvelle ; c'est ce qu'a fait le ministère actuel, suivant
une lettre de M. de Corbières que j'ai dans mes mains.

Ils acheteraient les journaux existans pour les éteindre ou les
faire parler selon leur bon plaisir. Quant à ceux qu'on ne pourrait
acheter, on entreprendrait d'en exproprier les propriétaires par
des moyens variés ; et avec quelques triomphes de ce genre, les
ministres pourraient s'endormir paisiblement après avoir semé au-
tour du trône les illusions ou les précipices.

Vous le voyez, Messieurs, la question de tendance, quelque
grave qu'elle puisse être, n'est pas la seule qui doive fixer votre attention ; il est au-dessus d'elle deux autres questions d'un intérêt
plus général encore, c'est celle de la propriété, c'est celle de l'opposition menacée tout à la fois dans les deux nuances d'opinion
qui partagent la France.

Le but de l'accusation de tendance étant bien fixé, examinons
quels ont été ses progrès, quelle est sa situation actuelle.

Depuis quatorze mois, le ministère public a choisi 182 textes,
sur une totalité de 425 articles ; en arrivant à l'audience, il a cru
devoir abandonner une partie de ceux qu'il avait d'abord attaqués;
il croyait, sans doute, redoubler d'énergie en concentrant ses
moyens : j'oserai dire qu'il en a été tout autrement, et que loin
d'acquérir des forces nouvelles, l'accusation n'a fait que constater
son impuissance.

En effet, Messieurs, dans tous ces textes mutilés avec tant de
soin, dans ces débris combinés avec tant d'art, par un architecte
nouveau qui leur a imprimé à loisir la forme et le sens qui lui con-
venait, vous n'avez pas remarqué que le nom du roi soit une fois
prononcé, que le caractère et l'étendue de son autorité soit mé-
connus, que la Charte soit menacée, qu'une révolution nouvelle
soit invoquée, que des regrets soient donnés au gouvernement
précédent, que des vœux soient exprimés pour le renversement
des institutions qui nous régissent..... Ce sont pourtant les carac-
tères qui distinguent toujours les publications séditieuses.

Comment se fait-il donc qu'un tel journal vous soit dénoncé
comme ayant une tendance *séditieuse?* C'est, dit-on, *parce que son
esprit est de nature à porter atteinte à la paix publique et à la religion de
l'état.*

Mais comment *porte-t-on atteinte à la paix publique*, sans attaquer la personne ou l'autorité du roi, ni la source de cette autorité, ni les membres de son auguste famille ?

Ici le ministère public se livre à une classification empruntée d'un précédent réquisitoire, et qu'il prend comme un point de départ dans la cause actuelle ; il semble que le texte de l'ancien réquisitoire soit un texte législatif, régulateur désormais de toutes les discussions de ce genre.

Nous pourrions, sans doute, élever de graves contradictions sur la justesse des classifications du réquisitoire.

Mais une discussion théorique prolongerait inutilement la défense : il me suffit de vous dire que j'abandonne la classification du réquisitoire, pour m'en tenir à la définition légale : *tendance à troubler la paix publique* ; cette définition est assez nette, assez précise ; elle est plus précise et plus nette que la définition du ministère public.

Pour que la défense fût complète, il serait nécessaire, peut-être, de prendre chaque texte incriminé, et de se demander, après l'avoir lu, *y a-t-il tendance à troubler la paix publique ?* mais il faudrait, sur chaque article, démontrer que le ministère public y a lu ce que n'y est pas, et y a placé des principes et des conséquences créés uniquement par lui-même ; en accusant devant vous 182 textes, on nous a réduits à la nécessité de n'en examiner aucun en particulier, et de les grouper tous suivant l'ordre des matières, pour en apprécier les doctrines générales.

Si l'on demande ce que c'est que *troubler la paix publique*, chacun va répondre suivant les idées particulières dont il est préoccupé; les uns diront qu'*on trouble la paix publique*, ou que, du moins, on tend à la troubler, toutes les fois qu'on établit des doctrines différentes du système politique qui a précédé la révolution; d'autres attacheront ce caractère à l'exclusion donnée au principe démocratique : chaque croyance religieuse verra une atteinte *à la paix publique* dans la préférence accordée à une croyance rivale ; quant au ministère public, il voit partout *la paix publique* de la France compromise ; depuis les funérailles d'un tailleur de Rennes jusqu'au supplice de Riégo, tous les récits sont pour lui un danger, toutes les réflexions un crime, et l'on ne peut désapprouver la destitution d'un maître d'écriture de Clermont ou annoncer que M. Manuel se porte bien, sans que la paix publique soit menacée et que le trône des Bourbons soit ébranlé.

Quant à vous, Messieurs, placés par vos attributions souveraines dans ces sommités de l'ordre social qui vous permettent de juger avec plus de justesse et moins de susceptibilité, vous ne considérerez comme tendant à troubler la paix publique que les articles qui attaquent les institutions de l'état et non ceux qui roulent sur des controverses politiques , où les écrivains peuvent sans danger émettre les opinions les plus divergentes. Vous attribuerez encore moins ce caractère à des écrits où les desseins annoncés au nom des ministres sont combattus.; où les abus de l'administration sont dévoilés : car, si l'on refuse à l'opposition le droit de dévoiler les abus et de critiquer les mesures qu'elle croit mauvaises, n'est-ce pas la condamner au silence, ou, qui pis est, lui imposer la nécessité d'une critique sans objet, d'une controverse factice , ou d'un examen sans sincérité ?

Mais, nous dit-on , l'opposition ne doit pas être hostile...

Qu'est-ce à dire, *hostile ?*

Veut-on par là interdire l'énergie du langage, et cette franchise de pensée , qui révèle au lecteur toute l'étendue , toute l'importance de ces questions graves qui touchent aux fondemens de la société?

Mais si l'on permet à l'opposition de parler, c'est sans doute pour qu'elle puisse convaincre ; et dès lors pourquoi lui enlever ses moyens de conviction ? On veut qu'elle soit sincère , et on lui commande l'hypocrisie ; on lui permet de combattre et on veut qu'elle plaise à ceux qu'elle combat ; on lui permet de révéler les abus , et il faudra qu'elle plaise à ceux qui vivent des abus ; vienne Walpole , le grand corrupteur des parlemens, viennent Law ou Maupeou s'asseoir au conseil du prince, et l'opposition ne pourra les combattre qu'en prouvant leur intégrité, leur sagesse et leur vertu; c'est-à-dire qu'on veut l'impossible ; on veut des choses contradictoires ,la légalité dans les doctrines et l'arbitraire dans les faits.

Trois grands événemens ont signalé l'année qui vient de s'écouler, nous dit le ministère public : l'accomplissement de la guerre d'Espagne , la dissolution de la chambre et les élections générales.

Cette division est aussi celle que je suivrai dans le rapide examen de l'esprit d'après lequel le *Courrier* a été écrit : j'ajouterai quelques réflexions sommaires sur d'autres points isolés , tels que la prétendue apologie du régicide, les abus des prisons, l'article sur le Saint-Père et celui sur M. Kœchlin. Les autres objets qu'a traités le ministère public ne me paraissent pas mériter une réfutation spéciale et sérieuse ; les réflexions générales me dispenseront à cet égard de détails superflus.

M° Mérilhou aborde ensuite la discussion des articles incriminés. Sa première division comprend ceux relatifs à la guerre d'Espagne. Ces articles sont si nombreux , dit-il, qu'il est impossible de les lire , de les analyser et de les justifier en détail; les principales accusations du ministère public portent sur les nouvelles que nous avons données, sur les prétendus conseils que nous avons adressés aux ennemis, sur les funestes résultats de la guerre, sur les récits de la mort de Riégo, sur des réflexions relatives à l'Abisbal, Morillo et Ballestéros. Deux réflexions préliminaires se présentent: le ministère public indique ces articles comme encourageant aux désordres intérieurs et aux insurrections; mais la date de l'accusation réfute le ministère public, car presque tous ces articles sont publiés il y a déjà un an; s'ils avaient eu cette tendance dangereuse, aurait-on attendu aussi long-temps pour les poursuivre? Certes, alors comme aujourd'hui, et plus qu'aujourd'hui, on avait besoin de maintenir la tranquillité; pendant cette lutte incertaine que la France soutenait en Espagne, les fausses nouvelles étaient plus dangereuses qu'elles ne le sont dans ce moment, où la France triomphe en Espagne. Comment ce qui était alors sans danger est-il devenu funeste aujourd'hui? D'un autre côté, il est aisé, après l'événement, de dire telle nouvelle était fausse. Mais, pendant la guerre, le premier besoin est d'avoir des nouvelles; l'Angleterre est plus à portée que tout autre peuple, par ses relations maritimes, de recevoir des informations. Le *Courrier* a souvent extrait des journaux anglais, soit de l'opposition, soit du ministère, les nouvelles qu'il a insérées, mais en même temps, il a toujours eu le soin d'indiquer la source dans laquelle il les puisait, afin que chacun pût voir quelle confiance elles méritaient. Que les journaux anglais se soient trompés, cela peut être; dans une semblable matière, les erreurs sont fréquentes; l'autorité elle-même n'en est pas exempte, et l'on sait que la véracité de ses bulletins est passée en proverbe.

Le ministère public relève 182 articles; mais a-t-il comparé les nouvelles d'alors avec les faits tels qu'ils se sont vérifiés depuis? Eh bien! j'ai fait cette vérification, et je puis affirmer qu'il n'y a pas une nouvelle fausse dans trois. Mais, dit-on, Mina revient sans cesse dans ces nouvelles; la raison en est simple, c'est que Mina est le seul des généraux espagnols qui ait résisté; d'ailleurs, où voit-on là une injure à nos troupes? Pouvait-on parler de leurs combats sans parler de leurs ennemis, et mentionner leurs victoires sans parler de la résistance des vaincus? On nous reproche d'avoir donné des conseils à l'ennemi; le fait n'est pas vrai, et l'hyperbole est un peu forte; comment est-il possible qu'un journal qui raisonne à Paris sur des faits qui se sont passés depuis huit ou dix jours au moins, puisse donner à un chef placé à trois cents lieues de lui, des conseils sur ce qu'il doit faire, dans des circonstances qui n'existeront plus depuis long-temps quand le journal lui parviendra, en supposant même qu'il lui parvienne jamais. L'accusation nous reproche d'avoir voulu rabaisser la gloire de l'armée; mais a-t-elle cité un article où un jugement critique fut prononcé soit sur l'armée, soit sur son chef, soit sur ses travaux? Non, Messieurs, j'en appelle à vos souvenirs, on s'est contenté d'une vaine allégation. Eh bien ! il y a erreur de la part du ministère public. Ce n'est pas dans le *Courrier*, c'est dans un autre journal qu'il faut chercher des articles contre l'armée. Vous allez voir comment elle est traitée par un journal ministériel et comment elle est défendue par le *Courrier*. (Me Mérilhou donne ici lecture d'un article inséré dans le numéro du *Courrier* du 27 juillet 1823, destiné à réfuter un article du *Drapeau blanc* qui accuse le général en chef de l'armée de Catalogne, de faiblesse et d'inhabileté.

. Voilà, Messieurs, continue-t-il, comment le *Drapeau blanc*, journal non accusable puisqu'il est ministériel, traitait l'armée d'Espagne ; voilà comment le *Courrier français*, dans un article qu'on s'est bien gardé de vous lire, savait prendre sa défense : *Ab uno disce omnes*.

Nous avons, dit-on, présagé de la guerre de funestes résultats pour l'Espagne ; oui, nous avons dit que l'Espagne était dans une situation malheureuse, mais nous n'avons pas dit que c'était la faute de la France ; il est notoire, au contraire, que ce misérable état tient aux déplorables passions des habitans, à l'ordre social peu avancé, et à d'autres causes que le respect dû à des têtes couronnées m'interdit d'indiquer ; mais il est aussi notoire, et ce fait a été reconnu par le *Courrier*, et par le ministère anglais, que la présence des troupes françaises en Espagne est un bienfait, et que sans elles tout serait perdu... ; on peut, sur la situation de ce pays, consulter l'*Etoile* du 11 juin 1824, journal ministériel qui nous apprend que le gouvernement est en opposition avec la junte ecclésiastique : l'*Echo du Midi*, qui écrit dans le même esprit que l'*Etoile*, raconte qu'à Sarragosse, dans une journée, 1500 individus ont été arrêtés sans la participation du gouvernement.

Nous sommes aussi accusés pour nos articles sur les généraux espagnols. Qu'a dit le *Courrier* sur Riégo ? a-t-il émis un avis sur les événemens qui ont préparé sa fin déplorable ? Non ; il a seulement répondu aux injures que des journaux sans pudeur ont prodigué aux restes de cet homme qui n'appartenait plus qu'à l'histoire. En racontant avec détail l'ignominie pompeuse de son supplice, ils avaient imprimé qu'il était mort avec lâcheté ; le *Courrier*, a dit, au contraire, qu'il était mort sans faiblesse ; il a dit qu'un homme qui, par état, était accoutumé à braver la mort, et qui avait dirigé l'entreprise la plus audacieuse des temps modernes, devait s'être accoutumé d'avance à l'idée du trépas. Quant à moi, qui n'ai à juger ni Riégo, ni ses juges, je me souviens seulement des grandes vicissitudes politiques qui font du triomphateur de la veille la victime du lendemain, et je sais que, dans les révolutions, le Capitole est à côté de la roche Tarpéienne. Mais pourquoi rattacher à la paix publique de la France, l'improbation d'un outrage de plus à la mémoire de Riégo ? Fuyons le souvenir des supplices, et laissons en paix les cendres des morts que la morale de tous les temps et les lois de tous les peuples ont toujours rendues sacrées.

Puisque de Riégo nous devons passer à des sujets différens, je vous parlerai de l'Abisbal, de Morillo, de Ballestéros. Le ministère public a sans doute espéré de m'attirer ici dans une discussion étrangère et à mes devoirs et aux attributions de la Cour : il n'en sera point ainsi, et je laisserai de côté la discussion des torts ou des services de ces trois généraux. Le *Courrier* a blâmé leur conduite ; l'expression de sa censure a été ferme et franche ; et, s'il fallait le dire, je partage à cet égard l'opinion du *Courrier*. Nous sommes tous ici dans notre droit ; chacun de nous approuve ou blame ce qui lui paraît ou blâmable ou louable ; où en serait-on si la divergence des opinions n'était pas permise sur des étrangers justiciables des lois étrangères, et qui ont exécuté dans leur pays des actes qui n'intéressent que leur pays ? Quoi qu'il en soit, ils sont malheureux et bannis. Loin de moi l'ignoble dessein d'insulter à leur infortune ; je ne chercherai pas à prouver par des raisonnemens et par l'histoire qu'un grand capitaine n'acquiert pas sa gloire dans des capitulations, et qu'un négociateur ne passe pas pour habile lorsqu'il oublie de s'assurer l'exécution des conditions qu'il stipule.

Je passe aux articles relatifs aux élections : ces articles offrent une vaste matière à l'accusation, car on les voit figurer dans toutes les formes, dans toutes les divisions du plaidoyer de M. l'avocat-général, et cependant un motif grave aurait dû empêcher de les comprendre dans l'accusation. Le ministère, par l'organe du *Journal des Débats* et du *Moniteur*, semblait avoir invité les journaux de l'opposition à sortir de leur réserve habituelle ; c'était donc un piége que les ministres tendaient aux journalistes, et pendant qu'ils profitaient du droit à l'exercice duquel le ministère les avait invités, le ministère public recueillait en silence tous les articles qui lui paraissaient devoir servir de matériaux à une accusation de tendance. M. l'avocat-général lui-même l'avoue avec candeur :
« Depuis la dissolution de la chambre des députés, dit-il, il était
» juste que chaque journal pût discuter sur les élections prochaines;
» enfin, au moment même de ces élections, la liberté devait en-
» core être respectée. Nous avons donc cru devoir retarder jusqu'à
» ce moment notre action : Loin de vouloir entraver l'opposition
» dans les journaux, nous avons voulu lui laisser tous ses organes,
» et ce n'est qu'après ces événemens accomplis que nous venons
» demander compte à l'un d'eux de l'abus qu'il a fait de son droit ;
» telle sera toujours la loyauté que mettront dans leur marche les
» magistrats français.

Je ne viens pas disputer au ministère public la palme de la loyauté : toutefois je me permettrai de lui demander s'il n'eût pas été plus loyal encore d'avertir les délinquans dans le cours de leur long délit, que de les inviter à le commettre, et de leur en laisser le temps et le loisir pour les frapper quand ils auront péché : *monet ne arguat.* Ainsi, écrivains, souvenez-vous bien qu'il faut vous défier des invitations ministérielles et du silence du parquet ; on vous invite à la franchise, mais l'on vous tend un piége ; on paraît appeler la fièvre électorale, on l'excite par de perfides exhortations pour punir ensuite les actes de celui qu'elle agite. D'un autre côté, les observations que j'ai faites relativement à la guerre d'Espagne se représentent ici ; le temps de la lutte est écoulé, les prétendus dangers n'existent plus ; pourquoi n'a-t-on pas poursuivi lorsqu'ils étaient imminens ? Mais ce qui excitera votre étonnement, Messieurs, ce qui est vraiment incroyable, c'est que le plus grand nombre des articles incriminés relatifs aux élections sont communs aux quatre journaux libéraux, le *Pilote*, le *Courrier*, le *Journal du Commerce* et le *Constitutionnel* ; ce sont des articles de doctrine, ou des invitations à nommer tel ou tel candidat. Si ces articles sont innocens dans trois journaux, comment sont-ils coupables dans celui-ci ? Ils ne sont donc pas criminels, car le ministère public ne peut avoir deux poids et deux mesures.

On nous reproche, dans un article, d'avoir signalé les fraudes électorales, d'avoir écrit contre la septennalité et d'avoir recommandé de n'élire ni nobles ni fonctionnaires. Il faut d'abord rappeler un principe, c'est qu'attaquer les ministres, ce n'est pas attaquer le roi ; critiquer les actes des ministres, ce n'est pas troubler la paix, car l'essence du gouvernement représentatif est la libre discussion des actes du pouvoir ; le prince, environné de son inviolabilité, ne peut jamais être atteint dans ces discussions. Il assiste à ces débats, il est juge du procès, il pèse les critiques de l'opposition et les défenses du ministère, et lorsque les critiques l'emportent, le juge royal prononce, et le ministère est renvoyé. Ainsi, depuis dix ans sont tombés six ministères ; ainsi ont disparu vingt ou trente ministres qui sont passés sans bruit du triomphe à l'oubli, et cependant la monarchie est debout, la France prospère et le trône n'a pas été ébranlé : concluons donc que tout ce qui est dit contre les actes du ministère non-seulement n'est pas contraire aux intérêts de la couronne, mais leur est entièrement conforme.

Venons maintenant à la discussion des griefs. D'abord se présentent *les fraudes électorales* ; j'avoue que, dans plus d'un article, le *Courrier* a accusé l'autorité administrative d'avoir, par de coupables manœuvres, soit dans la confection des listes, soit pendant les élections, en admettant ou rejetant des électeurs même, favorisé des fraudes qui tourneraient au préjudice de la liberté des élections ; j'avoue qu'on a conseillé la méfiance aux électeurs.

Que dit sur ce point M. l'avocat-général ? Il croit à l'infaillibilité des agens de l'administration ; il part de cette supposition pour dire qu'on s'est contenté d'une influence qui n'a rien d'illégal; mais ce n'était pas là ce qu'il fallait dire. Le *Courrier* avait accusé les agens du ministère d'avoir sciemment rejeté de la liste ceux qui devaient y être admis, et d'avoir admis sciemment ceux qui n'avaient ni le cens, ni l'âge : qu'a répondu le ministère public à cette inculpation ainsi précisée ? Rien. Il a dénaturé l'objection pour la résoudre ; ne pouvant nier des faits qui ont affligé la France tout entière, il a pris le parti de n'en pas parler ; et cependant, dans son impartialité sévère, M. l'avocat-général a dû gémir plus d'une fois de ce que les réglemens du gouvernement consulaire l'empêchaient de sévir contre des attentats dirigés contre le trône et la nation; attentats qui ont été dévoilés et flétris à la tribune des pairs, par un noble pair qui n'appartient pas à l'opposition, par M. de Montalembert, qui a qualifié ces faits de déplorables et de scandaleux. Dans la même chambre, un ministre, renvoyé depuis, M. de Châteaubriand, a protesté contre toute participation à ces manœuvres ; un autre ministre, M. de Villèle, les a désavoués sans les nier ; un ministre s'est trouvé (M. de Corbières), qui a eu le courage de les approuver et d'en prendre sur lui la responsabilité. A la tribune de la chambre des députés, le premier magistrat d'une cour souveraine, M. Bourdeau, procureur-général, les a dénoncés. Hors de la tribune, un magistrat de cette cour a déposé dans les feuilles publiques l'expression de sa vertueuse indignation. Un sous-préfet, M. Brault, a donné sa démission plutôt que de se prêter aux manœuvres qu'on exigeait de lui.

Quel serait le résultat de pareilles fraudes si elles s'accomplissaient sur tous les points ? Ce serait de tromper le monarque et la nation ; de mettre le roi en Charte privée ; de semer le mensonge entre son peuple et lui. Quoi ! le roi interroge la conscience des électeurs et une force quelconque se placera entre la conscience des électeurs et celle du prince ! Quoi ! par des menaces on aura empêché l'exercice des droits politiques ! Quoi ! la confiance royale interroge, la violence intervient, et la terreur répond, et lorsque des faits aussi graves prévus et punis par les articles 109, 110, 145 et 146 du Code pénal, sont dénoncés, c'est le dénonciateur qu'on poursuit. Vous êtes justes, Messieurs, vous jugerez entre les prévaricateurs et nous.

Je passe aux articles sur la septennalité. Le projet annoncé d'avance par les journaux ministériels, était susceptible d'être soumis à la discussion comme tous les projets ministériels ; il a triomphé aujourd'hui, mais la loi sur la réduction des rentes a échoué ; ainsi l'infaillibilité ministérielle s'est trouvée en défaut. La mesure sur la septennalité était grave, puisque, de l'aveu de tous, il s'agissait de modifier un article de la Charte ; il était permis à chacun de la combattre comme on combattait la réduction des rentes. Le succès n'a pas été le même, mais les efforts étaient également légitimes.

La dernière partie des articles sur les élections a pour objet de provoquer ou d'empêcher l'élection de tel ou tel député. Je ne vous lirai pas tous ces articles ; ils se réduisent à ces idées : « Le » ministère gouverne mal ; choisissez des députés opposés aux mi- » nistres. Ne choisissez des fonctionnaires publics qu'autant que » vous serez sûrs que la dépendance de leur situation ne nuit pas » à l'indépendance de leur caractère. Ne choisissez des nobles qu'au- » tant que vous serez sûrs de ne pas trouver chez eux les représen- » tans des intérêts de la chambre héréditaire. » Voilà toute la théorie électorale du *Courrier*. Dans le même temps, les feuilles minis- térielles recommandent aux électeurs les candidats ministériels, tous fonctionnaires ou aspirans à l'être ; d'autres feuilles recom- mandent les candidats qui ont eu le plus à souffrir de la révolution ; chacun agit dans son droit, chacun est maître de ses préférences : c'est la guerre électorale. Que vient dire le ministère public ? Il s'écrie : « Que deviendra la paix publique si une classe de ci- » toyens est toujours présentée comme menaçante ? C'est exciter » indirectement à l'insurrection. » C'est une argumentation fausse que de substituer ainsi ses pensées aux pensées des autres. Quoi ! nous parlons d'élection et vous parlez d'insurrection ? Il s'agit de choix à faire entre les divers candidats , et vous parlez de mettre les armes à la main des mécontens ; n'est-ce pas là créer une chi- mère afin d'avoir le plaisir de la combattre ?

Non, ce n'est pas troubler la paix publique que de raisonner sur le meilleur usage à faire de ses droits politiques. Chaque parti, chaque individu , cherche à obtenir la préférence ; des discussions s'engagent ; pourquoi s'en alarmer ? c'est la condition du système re- présentatif. Au surplus, s'il fallait s'expliquer d'avantage, je dirais que le ministère public s'est mépris sur le sens de nos articles ; il est faux que nous ayons voulu exclure de la candidature, les nobles parce qu'ils sont nobles ; car dans les noms de l'oppposition de la chambre dissoute, sont des noms illustres dans ce que l'ancienne noblesse a conservé de plus antique et de plus vénéré. Le Courrier n'a pas voulu exclure les fonctionnaires publics parce qu'ils sont fonctionnaires, car il a constamment appelé le choix des électeurs sur des magistrats qui ont prouvé que l'ancien héritage de vertu laissé par vos ancêtres, n'était pas abandonné.

Qu'a voulu le *Courrier* ? il a pensé que la chambre héréditaire ayant été constituée comme garantie des grandes propriétés, des grandes illustrations, et que la couronne ayant aussi ses garanties dans le droit d'initiative et de sanction, ce serait troubler l'équilibre que de former la chambre élective avec des agens de la couronne et les représentans des intérêts de la chambre héréditaire. Voilà quelle a été l'intention du *Courrier* : elle a été pure, légale, constitutionnelle ; il a exprimé sa pensée sur les conditions générales de la candidature et sur le personnel des candidats ; je proteste en son nom contre les intentions qu'on lui a prêtées et contre des assertions qu'on ne peut colorer qu'en créant des expressions qui n'ont pas été et ne pouvaient être employées.

(Mᵉ Mérilhou annonce qu'il va entamer la partie de son plaidoyer relative à l'article sur M. Magalon ; mais l'heure de l'audience étant écoulée, la cour remet la cause au samedi prochain pour la suite du plaidoyer de Mᵉ Mérilhou.)

Audience du 3 juillet.

Mᵉ Mérilhou a repris la parole en ces termes :

Messieurs, dans la dernière audience j'ai examiné l'esprit général des deux premières classes des articles désignés par M. l'avocat-général comme indiquant une tendance criminelle. Vous vous rappelez que je veux parler des articles sur la guerre d'Espagne et sur les élections. Je crois avoir prouvé que ces articles avaient une tendance innocente. J'arrive à la partie où sont compris les articles publiés sur les prisons : on en a cité plusieurs ; je m'arrête à celui relatif à M. Magalon. Une ordonnance royale du 15 avril 1819 a créé un conseil-général des prisons chargé de présenter des vues sur toutes les parties de l'administration et sur le régime intérieur des prisons. Ce conseil était composé des hommes les plus vénérables et les plus élevés ; de quatorze pairs, du premier président et du procureur-général de cette cour, des ministres, des conseillers-d'état : parmi eux se trouvait M. le comte Delaborde, dont le nom se lie si noblement à tous les travaux propres à améliorer l'espèce humaine. Ce conseil vient d'être supprimé ; mais la police n'a pu *supprimer* les vertus des membres qui le composaient, ni leurs titres nombreux à la vénération publique. M. Delaborde, instruit des mauvais traitemens qu'a essuyés M. Magalon, envoie aux journaux plusieurs articles qui y sont relatifs ; quelle feuille publique aurait hésité à recueillir un écrit sur les prisons, signé d'un homme à qui la confiance royale en avait donné long-temps l'honorable surveillance ?

On prétend que ces articles attaquent la justice. Non, ils attaquent la police qui aggrave les peines que vous avez prononcées. Mais, dit-on, Magalon était condamné, et, manifester pour lui de l'intérêt, c'était improuver son arrêt ! Oui, Magalon était condamné ; mais il était aussi condamné ce forçat dont St. Vincent de Paule prit les chaînes, et ce saint personnage ne fut pas accusé d'une tendance irrespectueuse pour la justice. Les articles furent publiés également par le *Constitutionnel*, et alors ils n'ont pas été poursuivis. Le ministère public sommeillait, sans doute : jamais on n'a cru devoir demander compte de cet écrit au signataire. Voici ce que le signataire aurait répondu. Ici M⁣ᵉ Mérilhou donne lecture d'une lettre de M. Delaborde, inscrite dans notre numéro du 23 juin dernier, par laquelle il confirme tous les faits relatifs à la translation de M. Magalon. Il continue ainsi : Veut-on une enquête ? les parties la sollicitent ; qu'elle se fasse, et l'on verra de quel côté est la vérité. La police s'est défendue sous prétexte de l'égalité des prisonniers devant la loi ; est-ce aussi en vertu de cette égalité que, pendant qu'on traînait Magalon dans les rues de Paris, attaché au poignet d'un voleur galeux, on envoyait le rédacteur d'une feuille ministérielle, qui avait insulté la chambre des pairs, subir sa prison dans les bosquets de Tivoli. (M. Martainville.)

En attendant la sentence que nous sollicitons, vous, magistrats qui m'écoutez, vous dont quelques-uns ont partagé les travaux de M. Delaborde, soit au conseil-d'état, soit au conseil-général des prisons, vous ne verrez dans ses écrits d'autre *tendance* que celle qui guidait Howard dans les cachots ; d'autre *tendance* que celle qui dicta l'ordonnance royale du mois de juin 1819 ; d'autre *tendance* que celle qui pousse les âmes nobles et généreuses vers le soulagement du malheur.

J'arrive à la doctrine du régicide. Le ministère public a beaucoup insisté sur cette accusation qui serait bien grave si elle avait le moindre fondement : il prétend que le *Courrier* a enseigné le régicide ; écoutez les preuves qu'il en donne : c'est une notice biographique sur Carnot ; un article sur le tableau de David, et des réflexions sur la candidature de M. Manuel. Nous nions la doctrine qu'on nous attribue ; il n'y en a pas un seul mot dans le *Courrier*. M⁣ᵉ Mérilhou entre dans le détail de quelques faits pour expliquer le motif des articles relatifs à Carnot ; un jeune officier d'artillerie qui porte son nom et qui est son neveu, venait de se distinguer à Barcelonne à l'époque où le général Carnot venait de mourir à Magdebourg. L'*Étoile* rapproche ces deux circonstances d'une manière outrageante pour le jeune officier et pour le général son oncle. Il s'ensuivit dans le *Courrier* trois articles dont le dernier seul est incriminé.

On n'y lit, sur le vote de Carnot, que ces seuls mots : *Les secrets de la conscience sont impénétrables ; et, lors même qu'elle s'égare, il y a encore quelque chose de respectable dans l'homme qui en suit scrupuleusement les inspirations....* Ces mots sont la base de l'accusation du ministère public. La cour sent bien que je ne saurais être contraint d'expliquer les motifs du vote de Carnot ; mais, tout ce que j'ai à prouver, c'est que l'article en question ne contient ni impli-citement ni explicitement l'approbation de la mort de Louis XVI. La preuve en est aisée : 1° les paroles citées sont générales; elles peuvent s'appliquer à beaucoup d'actes qui ne sont pas la mort du roi. Membre d'un comité célèbre, il a été collègue de Robespierre, et il me semble que les paroles dont il s'agit peuvent s'appliquer à cette circonstance générale; 2° pourquoi chercher dans ces pa-roles l'approbation de la mort de Louis XVI, lorsque plus haut l'auteur de la notice attribue son vote à l'exaltation et non à la raison.

Me Mérilhou, après avoir lu l'article dont il est question, s'ex-prime en ces termes :

Comme l'auteur parle avec respect des royales infortunes! et en parlant du vote de Carnot, avec quelle énergie, avec quelle conve-nance d'expression l'auteur exprime son improbation sur un hom-me auquel d'ailleurs il paie sous tant de rapports un si ample tri-but d'éloges! On prétend que l'auteur a fait l'apologie du régicide, et il déclare que le vote de Carnot l'a soumis *à la plus terrible res-ponsabilité*!... A-t-on bien pesé ces paroles : *la plus terrible respon-sabilité!* sont-ce bien là des paroles apologétiques? Une *responsabilité terrible*, c'est le blâme de la postérité, le blâme le plus solennel; voilà la conséquence des actions qui ne sont pas la vertu.

Mais, dit-on, vous avez parlé de conscience : non, nous avons parlé d'exaltation : attribuer un acte à l'exaltation, ce n'est point l'attribuer à la conscience. La conscience délibère dans le calme des passions; l'exaltation cède à l'impulsion des passions déchaî-nées : la conscience pèse les actions dans la balance d'une équité rigoureuse : elle scrute les causes, apprécie les conséquences; elle ne se décide pas par la règle de l'utilité. Il avait de la conscience cet homme d'état de l'antiquité qui disait d'une mesure propo-sée, elle est *utile*, mais injuste; il avait de la conscience ce peuple athénien qui rejeta cette mesure. L'exaltation dédaigne la déli-bération : elle ne pèse rien, ne prévoit rien, peu lui importe le juste ou l'injuste, les passions ont marqué le but; les moyens ne sont rien, la raison se tait, toutes les notions s'obscurcissent, toutes les vérités disparaissent, tous les dangers s'évanouissent; une volonté froide dirige ces esprits que l'exaltation égare. Vous parlez de conscience, c'est-à-dire d'une raison éclairée, et l'on vous dit que c'est l'exaltation, c'est-à-dire l'absence de toute rai-son. Dire qu'un homme a été emporté par la tempête, vous ap-pelez cela une délibération calme et consciencieuse; dire qu'un homme est soumis à la plus terrible responsabilité, vous appelez cela l'apologie du régicide.

On nous dit: l'auteur a loué Carnot; mais a-t-il loué son vote? Non, il n'en a pas parlé. Il a loué Carnot, défendant son pays; Car-

not, sortant pauvre du sein des grandeurs ; Carnot, proscrit au
18 fructidor pour avoir voulu adoucir le sort des émigrés, des nobles et des prêtres ; Carnot, résistant au consulat et à l'empire ;
mais Carnot votant, il n'en a pas parlé ; il ne l'a pas loué ; il ne l'a
pas jugé ; il a gardé le silence, ou plutôt il n'a pas gardé le silence,
il a exprimé une éclatante improbation.

Au surplus, ce qui a été dit sur le vote de Carnot dans le *Courrier*, l'excuse qu'on y applique est adoptée par le ministère public
lui-même. M. l'avocat-général a dit que la seule excuse de ce vote
serait celle de la faiblesse ; mais la faiblesse qui obéit à la crainte,
ou la faiblesse qui est emportée par des passions étrangères, n'est-
ce pas la même chose ? Je n'émets aucune opinion sur le vote de
Carnot, mais je me contente de prouver que non-seulement le
Courrier n'a pas fait l'apologie du régicide, mais qu'il l'a jugé
comme le ministère public.

Le second article où le ministère public a vu la doctrine du régicide est relatif à David. David, chef et fondateur de l'école française, a été frappé de bannissement pour son vote dans le procès
de Louis XVI : mais la supériorité de son génie n'est contestée de
personne ; ses chefs-d'œuvres ou ceux de ses élèves peuplent nos
monumens et font l'orgueil de cette France qu'on a nommée la
mère des beaux-arts ; il enfante des chefs-d'œuvre sur une terre
étrangère, et l'Europe entière proclame sa gloire. On parle d'une
production nouvelle de son admirable pinceau, et l'on veut rétrécir
le pouvoir du talent jusqu'au point de ne laisser le droit de l'admirer qu'aux approbateurs du régicide. Mais ne sait-on pas que
l'homme de génie n'appartient ni aux factions qui ont pu l'entraî-
ner dans leurs flux orageux, ni au pays, ni au temps qui l'a vu
naître, ni à la famille dont il a emprunté le nom et l'héritage. Il
appartient à l'humanité tout entière, il n'appartient qu'à elle, et
le droit de l'admirer appartient à tout homme sensible aux at-
traits du vrai beau et capable d'en éprouver l'empire.

Enfin, selon le ministère public, toutes les fois que nous parlons de M. Manuel, nous prêchons le régicide. M. Manuel a été
expulsé de la chambre par un acte dont il est superflu de discou-
rir. Depuis, parler de M. Manuel, en dire quelque bien, a été un
délit ; tandis qu'écrire sur son compte les atrocités les plus dégoû-
tantes, a été un fait insignifiant. On attaque les articles les plus
inoffensifs dans lesquels on rencontre son nom. Hier nous annon-
çions son portrait ; aujourd'hui nous donnons des nouvelles de sa
santé ; demain nous parlerons de son élection. Eh bien ! l'annonce
de son portrait, les nouvelles de sa santé, le désir de sa nomina-
tion, tout cela est incriminé. Qui le croirait, on trouve là une tendance au régicide. Apparemment que M. Manuel était convention-

nel? Non, M. Manuel n'a jamais été ni conventionnel ni votant.

« Si ce n'est toi, c'est donc ton frère. »

Mais, dit-on, M. Manuel a fait l'apologie du régicide. Pas davantage : on l'en a accusé; il l'a nié; le discours où l'on prétend trouver cette apologie n'en dit pas un mot; c'est une apologie implicite et par voie de prétérition. C'est comme les treize propositions de Jansénius, que personne n'a lues, et pour lesquelles cependant on a provisoirement détruit Port-Royal.

M. Sylvestre de Chanteloup, conseiller : Il n'y avait que cinq propositions.

Me Mérilhou : Je croyais qu'il y en avait treize; mais comme personne ne les a jamais lues, je puis me tromper. (On rit.)

M. Manuel était donc un candidat comme un autre, qu'on pouvait proposer et qui pouvait être nommé sans que la doctrine du régicide en reçût la moindre autorité. Le *Courrier* parle d'un principe à consacrer par l'élection de M. Manuel ; mais il est évident que ce n'est pas le principe du régicide, mais le principe que la chambre n'a pas le droit de s'épurer. Au surplus , nous ne savons comment expliquer la susceptibilité du ministère public à l'égard de M. Manuel; la mention d'un portrait lui paraît avoir une tendance au crime. Qu'il dise quelle est la tendance de cette autre mention de la *Foudre*, feuille ministérielle et qui par conséquent a le droit de tout dire avec impunité.

Me Mérilhou lit dans un numéro de la *Foudre* l'article suivant :

« Depuis que M. Manuel est expulsé de la chambre des députés, »l'exhonorable (Ceci est fort délicat. — On rit.) est exposé dans »toutes les rues avoisinant le Palais-Royal. Comme un homme » aussi distingué ne peut manquer de se trouver dans tous les quar- »tiers de Paris, nous ne désespérons pas de le voir bientôt exposé »dans la Cité et jusque sur la place du Palais-de-Justice (1); il »faut croire que ce sera là sa dernière apparition. »

Je passe à un autre chef d'accusation. M. Kœchlin, député du Haut-Rhin, a été condamné par la cour royale de Paris, pour avoir, dans un écrit imprimé et distribué, imputé aux autorités du Haut-Rhin des faits éminemment graves; le *Courrier* a parlé avec éloge de la personne de M. Kœchlin, et de l'accueil bienveillant qu'il a reçu dans son pays; il a mentionné les applaudissemens reçus à l'audience par son défenseur. Je ne dirai qu'un mot sur ces applaudissemens arrachés par un talent brillant et vigoureux: la mention est-elle fausse ? Voyez les feuilles d'une autre opinion , elles la contiennent également. La mention est-elle séditieuse? mais

____

(1) C'est sur la place du Palais-de-Justice qu'on expose les individus condamnés au carcan.

M. l'avocat-général n'a pas jugé séditieuse la mention des applaudissemens reçus par lui-même dans une autre affaire. (Ici M⁰ Mérilhou lit les passages de plusieurs journaux dans lesquels il est question d'applaudissemens donnés à M. de Broë.)

Il semble, dit le ministère public, que tout homme condamné pour fait politique soit pour le *Courrier* un homme honorable. Je réponds qu'il semble au contraire, aux yeux de M. l'avocat-général, que parce qu'un homme a été frappé d'une condamnation politique, il devient à l'instant un misérable sans vertu, sans qualités, j'allais dire sans famille, sans propriété. Les élections du grand collége du Haut-Rhin ont répondu au ministère public; en choisissant de nouveau M. Kœchlin, les électeurs ont proclamé que la publicité d'un écrit offensant pour le préfet ne déshéritait pas leur député de ce patrimoine de respect que lui ont transmis ses pères. Qui ne sait que M. Jacques Kœchlin, chef d'une famille nombreuse consacrée au commerce, a rendu son nom populaire en Alsace par son immense bienfaisance ? quel homme a parcouru cette province sans entendre bénir ses vertus dans les hameaux comme dans les cités ? On aurait pu, peut-être, par respect pour la législature, être plus sobre d'ironie en parlant du sieur Kœchlin, au moment même où il prend part à la confection des lois qui sont promulguées dans cette enceinte.

Tendance anti-religieuse. — Je ne parlerai pas du brigadier-curé Mérino, et du hussard frère Maragnon, ce sont là des plaisanteries qui ne peuvent blesser personne. Cette partie des accusations du ministère public est, comme toutes, appuyée de nombreux articles. Le premier est celui relatif au prix de vertu de M. de Monthion, et à la résolution de consulter les curés pour le distribuer. Il est évident que les curés, n'ayant de relation qu'avec les catholiques, ne peuvent jamais indiquer des individus qui ne professent pas ce culte. Voilà ce que le *Courrier* a blâmé; il peut s'être trompé, mais son blâme a été modéré; il a été respectueux. Le deuxième article est sur les petits séminaires. Le *Courrier* s'est contenté de dire qu'ils n'étaient autorisés par aucune loi; c'est là une question de droit qui peut figurer dans tous les recueils de jurisprudence, mais il n'y a rien contre la religion. Le troisième article est une critique de la loi sur les blasphèmes ; cette loi a été retirée, le ministre lui-même en a fait justice. Un escroc de Perpignan profite de la superstition du peuple pour commettre des escroqueries; c'est un fait constant que personne ne nie, mais la religion n'est pas compromise par le récit qu'on en fait. Le curé de la Ferté-sous-Jouare refuse de recevoir M. Manuel pour parrain ; ce fait est aujourd'hui avoué, après avoir été long-temps nié par les journaux ministériels; il est, selon nous, contraire à toutes les lois ecclésiastiques, et c'est surtout sous ce rapport que nous l'avons blâmé. Aujourd'hui le ministère public dit qu'il devait y avoir un attroupement; j'ignore s'il y en a eu, et comment le ministère public était informé qu'il devait y en avoir.

M. de Broë : Il y en a eu un le lendemain dimanche.

M⁰ Mérilhou : Cela n'est pas bien extraordinaire, c'était l'affluence des fidèles qui se rendaient au service divin ; certes, il ne faut pas une bien grande sagacité pour prévoir le samedi que le dimanche il y aura rassemblement à l'église. (On rit.)

Ce que je sais, continue M⁰. Mérilhou, c'est qu'un ministre du ciel doit rester étranger aux choses de la terre ; ce que je sais, c'est que le parlement a souvent décrété des curés ou desservans qui refusaient d'administrer les sacremens. Je maintiens que le *Courrier* a eu le droit de critiquer soit le curé, soit l'évêque qui l'a autorisé ; je maintiens que si les appels comme d'abus eussent été portés à la cour royale, on aurait eu le droit de soumettre à la cour, l'appel comme d'abus sur ce fait ; car qui pourrait approuver que l'entrée de nos temples, l'accès de nos autels, les secours de la religion nous soient accordés ou refusés; que la participation à ses sacremens nous soit ouverte ou fermée suivant les nuances de nos opinions politiques, comme si les promesses du Dieu vivant ne devaient être que l'héritage d'un parti, au lieu de rester le patrimoine de l'humanité tout entière ?

M⁰ Mérilhou examine ensuite l'article sur le pape. Il fait voir, en citant plusieurs pasquinades sur Sixte V, que le droit de censure sur les papes est fort ancien à Rome, et que jamais ces plaisanteries n'ont été taxées d'irreligieuses. Quant aux faits, le *Courrier* les a extraits de la *Gazette de Milan* ; le ministère public les nie; qu'il donne des preuves, nous donnerons les nôtres. D'ailleurs, le pape est à la fois souverain temporel et prince spirituel. Comme souverain temporel, il est soumis à la critique ainsi que tous les autres;et un outrage qui lui aurait été fait en cette qualité,ne pourrait être poursuivi que dans les formes diplomatiques. Pour prouver que le *Courrier* respecte la religion et ses ministres,M⁰ Mérilhou cite un article sur Pie VII (n° du 27 août dernier), et un autre sur Léon XII (n° du 21 novembre dernier). Il termine en ces termes son éloquente plaidoirie qui a été écoutée avec la plus grande attention.

Messieurs, vous connaissez maintenant tout le crime du *Courrier français* ; vous savez que l'accusation combat elle-même par sa propre date la gravité des craintes qu'elle annonce ; car si les opinions qu'on suppose au *Courrier*, et qu'il n'a jamais professées, avaient eu une tendance dangereuse à la paix publique, on n'aurait pas laissé au poison une année entière pour germer, pour croître, pour ravager, et si les articles sur les élections et la guerre d'Espagne avaient eu un caractère alarmant, certes le ministère public connaît trop bien ses devoirs pour ne pas avoir arrêté le mal à sa source ; il n'aurait pas attendu la fin de la guerre pour faire cesser les alarmes ni la fin des élections pour combattre les fausses doctrines électorales.

Le *Courrier* a respecté constamment le trône et la dynastie, la Charte et les institutions qu'elle a créées ou confirmées ; mais il a écrit dans le sens de l'opposition ; et les jours sont arrivés où il faut que toute bouche qui ne loue pas les ministres se taise.

Toutefois, si l'opposition du *Courrier* a été sincère, elle n'a jamais été hostile ni systématique ; il a loué ce qu'il a cru digne d'être loué ; il a blâmé ce qu'il a cru blâmable : voilà quelle fut toujours sa devise.

Cette opposition qu'on redoute, et dont on calomnie l'indépendance, c'est elle, c'est elle seule qui défend les droits de tous, ceux des individus et des corporations, contre les infatigables usurpations du ministère.

Lorsque le ministère troublant l'ordre des juridictions par des conflits administratifs, enlevait aux citoyens le droit d'être jugés par vous sur des questions de propriété ; lorsqu'il s'emparait du pouvoir inoui de prononcer sur les dernières volontés des mourans ; lorsqu'il ne craignait pas de dépouiller administrativement de leur propriété privée les honorables fondateurs des établissemens d'instruction ; qui donc a protesté en faveur des droits de tous ? qui a sans cesse revendiqué pour tous la juridiction commune ? qui a défendu la justice contre l'administration dans les appels comme d'abus que les lois vous attribuent et que les décrets vous enlèvent ? Qui a défendu l'université royale contre les ignobles attaques d'une feuille aujourd'hui ministérielle qui l'accusait d'athéisme et d'impiété ? C'est le *Courrier français*, c'est toujours lui.

A-t-il fallu défendre les droits des rentiers ? c'est encore le *Courrier* qui, sous l'artillerie des injures ministérielles, dans des articles qu'on accusait alors, et qu'on n'ose plus accuser aujourd'hui, a proclamé les grands principes que la chambre héréditaire a consacrés ; c'est lui qui, précurseur de vos arrêts, a signalé les désordres de la bourse, les excès de l'agiotage, de cette *fièvre* que les feuilles ministérielles alimentaient à dessein.

On vous a parlé de la guerre d'Espagne ; que ne vous parlait-on aussi de l'ordonnance d'*Andujar*, immortel monument de sagesse et de magnanimité ? Qui a diffamé avec une audace *toujours impunie* le caractère de cet acte empreint du génie créateur de la Charte et qui pouvait prévenir tant de maux dans la Péninsule ? Ce n'est pas le *Courrier français* ; mais c'est lui qui a payé le plus sincère tribut d'éloges au royal auteur de ce décret ; et c'est lui qu'on veut punir ! On a parlé de la guerre d'Espagne, et on a laissé diffamer à cette occasion un noble maréchal qui guidait nos braves : le journal

diffamateur a trouvé grâce devant le ministère ; le *Courrier* a défendu de sa plume le vénérable doyen des maréchaux de France ,
et c'est le *Courrier* qui est poursuivi !

Le *Courrier* a parlé souvent avec persévérance , avec énergie des
élections et des abus qui en devaient trahir la noble destination ;
et ses articles sont encore la preuve de son amour pour les institutions qui nous régissent ; car les institutions ne se maintiennent
que lorsqu'elles sont exécutées avec franchise et loyauté.

Enfin , partout où il s'est trouvé une institution à défendre , un
droit privé à conserver , un abus à dénoncer , une amélioration à
signaler, le *Courrier français* s'est montré fidèle à ses honorables
devoirs ; il ne s'est point informé si son langage pouvait déplaire à
ceux qui sont les dépositaires du pouvoir ; il n'est pas allé chaque
matin demander dans l'antichambre d'un ministre quelle était la
vérité du jour ; courtisan du malheur , il n'a pas mesuré ses éloges
et ses critiques sur la faiblesse ou la toute puissance ; on ne l'a pas
vu colporter de ministère en ministère son banal dévouement et
ses éloges mercenaires , ni passer comme un instrument matériel,
de la solde du ministère vaincu à la solde du ministère vainqueur.

Ah ! plutôt que d'avilir à ce point le noble exercice de l'intelligence , plutôt que d'abdiquer le droit de penser par nous-
mêmes, plutôt que de convertir nos affections en marchandises ;
lorsqu'on nous place entre l'or et la ruine... Eh bien !..... brisons
nos plumes, et qu'on *nous ramène aux carrières !*

Peut-être que dans ses vœux, dans ses théories, dans ses doctrines, le *Courrier* n'a pas toujours été d'accord avec des hommes non moins honorables, qui comme lui, font profession de
ne pas croire sur parole à l'infaillibilité ministérielle... Hélas !
dans l'état actuel des connaissances humaines, combien y a-t-il
de vérités qui aient pour tous les esprits le même degré d'évidence
et d'utilité ? N'est-on pas trop heureux que, dans les vérités politiques, il en soit quelques-unes que l'évidence des besoins sociaux
mette hors de toute discussion : dans la société française actuelle,
c'est la Charte et la dynastie ; hors de ces deux grandes nécessités
sociales, la controverse doit tout embrasser ; et là où la controverse est admise par la loi, il faut bien que le pouvoir s'y résigne ;
il faut bien qu'une tolérance mutuelle , que l'urbanité nationale
adoucissent l'âpreté de la polémique, et empêchent des dissenti-
mens théoriques de dégénérer en inimitiés capitales.

Qu'importe que la prépondérance de tel ou tel des élémens de
notre ordre politique offre à tels ou tels esprits plus ou moins
d'avantages ou de dangers ?

Dès que les deux grands principes sociaux ne sont plus en cause,
qui pourrait, pour des controverses secondaires, concevoir de sé-
rieuses alarmes ? tant de puissans génies ont été divisés sur ces

matières ! Comment les partis divers seraient-ils d'accord entre eux, lorsque souvent les hommes les plus unis seraient embarrassés peut - être d'établir une formule complète de croyance politique.

Après trente-cinq ans de révolutions qui ont brisé tant d'intérêts, déchiré tant d'affections, bouleversé tant de situations individuelles ; lorsqu'il n'est pas une seule famille en France qui n'ait été dans des rangs ou vainqueurs ou vaincus, qui n'ait payé tour à tour par des revers ou par des services le tribut que l'on doit à l'humanité ; lorsque le temps qui, à la longue fait justice des erreurs, et rend à la vérité son empire, efface les regrets des uns et éclaire l'intelligence des autres ; espérons que tout ce qui est en France d'hommes indépendans et éclairés finiront tôt ou tard par s'entendre ; et peut-être qu'en se connaissant mieux on se trouvera plus de motifs qu'on ne croit de s'estimer et de s'aimer.

Dix ans déjà passés, une politique étroite et fausse que nos ministres se transmettent comme un fidéi-commis de famille, s'applique à diviser ceux qu'on aurait pu rapprocher ; aux uns, c'est la féodalité, aux autres c'est l'anarchie qu'on montre sans cesse comme des épouvantails ; la crédulité les accueille, et l'on commence par se haïr en attendant qu'on s'explique et qu'on se comprenne.

Vous tous, qui vous accusez mutuellement de vouloir la féodalité ou l'anarchie, comme si on faisait la féodalité par des décrets, et comme si l'anarchie pouvait être dans les intérêts de quelqu'un ; vous qui combattez des fantômes au nom d'un passé qui ne peut plus renaître, et avec des souvenirs qui n'appartiennent qu'à l'histoire, ne voyez-vous pas que l'usurpation ministérielle agrandie pendant vos discordes, et par vos discordes même, après s'être long-temps avancée en silence dans des voies souterraines, est aujourd'hui près de renverser le dernier boulevard de notre liberté politique ?

Qui que vous soyez, nobles ou plébéiens, quelles que soient vos idées sur les combinaisons de l'aristocratie ou de la démocratie ; partisans du double vote, amis de la grande ou de la petite propriété, vous ne voulez pas, vous ne pouvez pas vouloir l'arbitraire, car l'arbitraire peserait d'abord sur vous mêmes ; vous ne voulez pas le silence, car vous avez besoin de la liberté de la presse pour exposer vos besoins et vos théories politiques ; vous ne voulez pas la corruption, car aucune association ne peut adopter pour enseigne ce qui n'est pas la vertu. Partisans ou possesseurs des distinctions héréditaires, vous voulez sans doute qu'elles soient honorées ; voyez un duc et pair destitué de quatorze fonctions gratuites, comme un simple commis aux écritures. Voyez un Liancourt et un Châteaubriand, la *Quotidienne* et le *Courrier*, enveloppés dans une commune disgrâce ; et demandez-vous si c'est aux opinions, ou bien seulement à l'indépendance que la guerre est livrée en cet instant !

 La presse , dernier organe des besoins publics, restait encore ; en l'absence des deux chambres , elle seule pouvait donner à la couronne d'utiles avis ; et voilà que les possesseurs de la presse, constitués commis révocables des ministres, ne pourront plus, sans crainte de l'expropriation, déplaire à ceux qui en un trait de plume ont le droit de les dépouiller sans appel ; voilà que la presse périodique , enchaînée tout à la fois par le refus d'autorisation et par le rachat des journaux, est menacée par les procès de tendance destinés à servir d'auxiliaires à l'impuissance de la corruption.'

Mais le temple de la justice est ouvert encore ; la verité proscrite ailleurs peut toujours s'y faire entendre ; le dogme du silence n'y est point devenu un axiôme de droit public ; les citoyens menacés dans leur propriété n'en sont pas encore tout-a-fait repoussés par le vaste système des *committimus* ministériels.... Rassurons-nous , la magistrature est debout ; elle veille sans cesse au maintien des lois du pays ; son caractère est indépendant comme sa situation. Gardons-nous de penser qu'elle puisse trahir la sainte mission que lui a donnée le monarque.

Nota. La fin de l'audience du 3 juillet a été consacrée à la réponse de M. l'avocat-général. A l'audience du 10 juillet, Mᵉ Mérilhou a répliqué ; la cour s'est ensuite retirée dans la chambre du conseil, où elle a délibéré pendant près de trois heures. Etant rentrée, M. le premier président Séguier a prononcé ces mots : *La cour déclare qu'il y a partage,* et a levé l'audience.

Ainsi le *Courrier français* est déchargé de l'accusation.

www.ingramcontent.com/pod-product-compliance
Lightning Source LLC
Chambersburg PA
CBHW071444030726
47594CB00006B/2828